# LEOPOLD MOZART

## Notenbuch für Wolfgang

*Cahier de musique pour Wolfgang · Notebook for Wolfgang*

Eine Auswahl der leichtesten Stücke

Herausgegeben von / Edited by / Edité par
Heinz Schüngeler

## Piano

ED 3718
ISMN 979-0-001-04429-5

Mainz · London · Berlin · Madrid · New York · Paris · Prague · Tokyo · Toronto

# VORBEMERKUNG

Leopold Mozart schenkte seinem Sohn Wolfgang zu dessen siebenten Namenstag am 31. Oktober 1762 ein Notenbuch, das er aus verschiedenen Tänzen und Stücken von Komponisten jener Zeit in Suitenform zusammenstellte. Die Suiten sind nach Tonarten geordnet. Leopold Mozart verfolgte damit die pädagogische Absicht, seinen Sohn in die damals gebräuchlichen Tonarten einzuführen. In der vorliegenden Auswahl wurde diese Anordnung nach Suiten unbeachtet gelassen, da sie für den heutigen Klavierunterricht ohne Bedeutung ist. Die leichtesten, dabei schönsten Tänze und Stücke sind in abwechslungsreicher und anregender Folge für den Gebrauch im Unterricht und Haus zusammengestellt.

# PRÉFACE

Ce cahier de musique fut un cadeau de Léopold Mozart à son fils Wolfgang, à l'occasion de la 7e fête de son nom, le 31 octobre 1762. Léopold Mozart y rassembla des dances et pièces de compositeurs contemporains, les ordonnant en forme de suite et suivant les tonalités employées a cette époque, pour suivant ainsi son intention d'instruire son fils dans ces dites-tonalités. Ce but est dépourvu de sens, dans notre enseignement moderne du piano, si bien que nous n'avons pas respecté cet ordre, dans cette édition, mais on a interverti les dances et pièces les plus faciles et les plus belles d'une façon attrayante et variée, devant servir à l'enseignement et aux plaisirs du foyer.

# PREFACE

Leopold Mozart compiled a collection of dances and other contemporary works of the period which he arranged in the form of suites and presented to his son, Wolfgang, on the latter's seventh birthday, October 31, 1762. These suites were arranged according to key in order to familiarize Wolfgang with those currently in use. Since such an arrangement is no longer of practical value in modern piano instruction, the editor has abandoned the original order. Taking the simpler and more beautiful of the individual selections, he has arranged them so as to provide the greatest variety and interest, not only for teaching purposes but also for informal use in the home.

# Menuet

Fine

D. C. sin al Fine

## Menuet de Sigr. Bach

# Bourlesq

Alte Volksweise

Fine

D. C. sin al Fine

# Polonaise

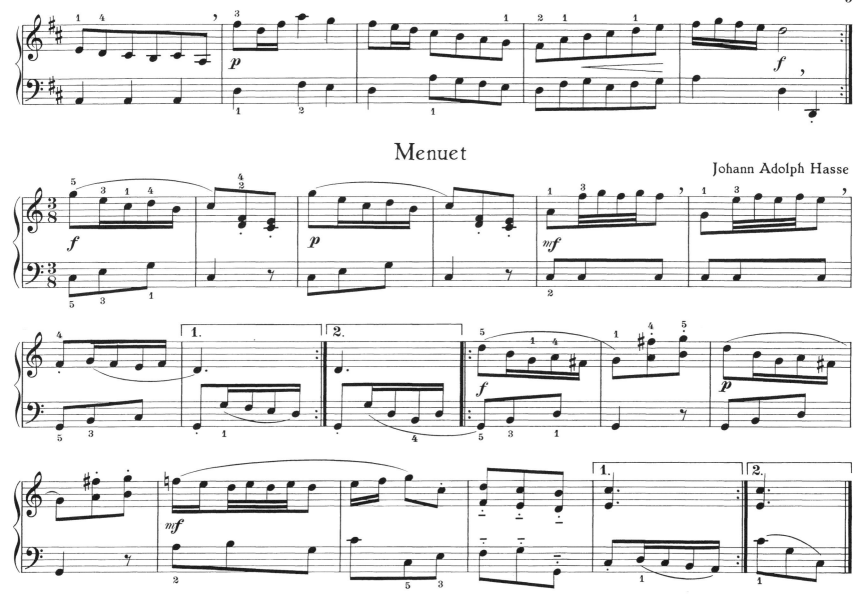

## Menuet

Johann Adolph Hasse

# Polonaise

# Menuet

D. C. sin al Fine

# Menuet

# Waldhorn ~ Stück

Morceau de cor de chasse        French Horn Piece

*)das zweite Mal

# Entrée

# Bourrée

# Schwaben ~ Tanz

Danse souabe          German Dance

**Allegretto**

# Menuet

# Musette

*D. C. sin al Fine*

# Polonaise

# Menuet

(1)

## Sarabande

# Menuet

Fine

Dal Segno sin al Fine

*) Spiele den Triller nur bis zum 3. Viertel  /  *Le trille joue seule à 3e noire*  /  Play the trill only  till the 3ᵈ quarter

# Angloise

Dal Segno sin al Fine

# Passepied

# Aria

# Menuet

*Da Capo sin al Fine*

# Gavotte

# March di Sigr. Bach

Polonaise

# Menuet

# Fantasia del Sigr. Telemann

# Jägerlied

Chant de chasseur    Hunter's Song

Dreißer, Dantz Büchlein 1720

**Allegro**

# Bourrée

# March

# Menuet

# Menuet